AF338970

DISCOURS

PRONONCÉ

AUX OBSÈQUES DE M. ROBINET

PAR

M. JULES LEFORT

AU NOM DE LA SOCIÉTÉ DE PHARMACIE DE PARIS

(Extrait du *Journal de Pharmacie et de Chimie*.)

PARIS

IMPRIMERIE CUSSET ET Cᵉ

RUE RACINE, 26

1870

AUX OBSÈQUES DE M. ROBINET

Par M. J. LEFORT

Au nom de la Société de Pharmacie de Paris

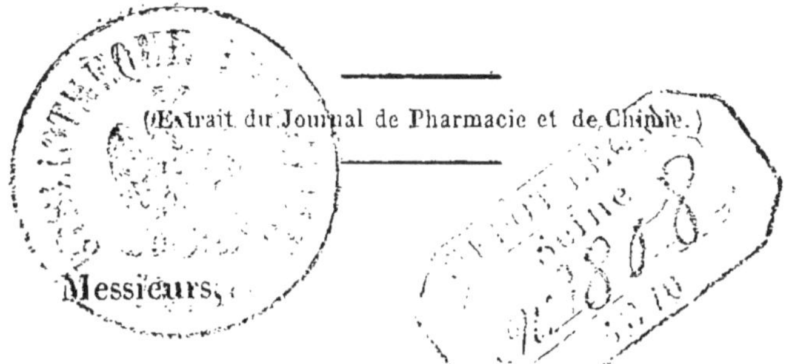

(Extrait du Journal de Pharmacie et de Chimie.)

Messieurs,

La Société de pharmacie de Paris, si récemment éprouvée par la mort de son vénérable doyen, vient de nouveau exprimer sa profonde douleur devant cette tombe qui s'ouvre pour recevoir un de ses membres les plus éminents.

Singulier rapprochement de la destinée! M. Boullay et M. Robinet morts à un mois de distance seulement, aussi assidus l'un que l'autre à nos séances, tous les deux au faîte de la pharmacie, ont eu le rare privilége de siéger pendant un demi-siècle environ dans la Société de pharmacie, et de conserver jusqu'à la fin de leur carrière un amour pour les sciences qui ne s'est pas démenti un seul jour.

Je n'ai pas pour mission d'apprécier en ce moment toutes les grandes qualités de l'homme de bien que nous avons perdu; cette tâche sera certainement remplie par une voix plus autorisée que la mienne; mais ce que la Société de pharmacie revendique dans M. Robinet, c'est le pharmacien, c'est le savant qui, pendant quarante-sept ans, lui a appartenu et dont elle était fière à tous les titres.

Stéphane Robinet est né à Paris le 6 décembre 1796. De 1807 à 1811 il fit la plus grande partie de ses études classiques au collége impérial de Worms (Allemagne), et il revint ensuite à Paris, passer une année au collége Saint-Louis.

A la fin de l'année 1812, le jeune Robinet, qui se sentait déjà un goût très-prononcé pour l'étude des sciences physiques et naturelles, obtint, par la recommandation de la veuve de Fourcroy, d'entrer au laboratoire de Vauquelin comme élève, et l'année 1814 le trouve préparateur du cours que Vauquelin faisait alors au jardin des plantes.

Il fallait à M. Robinet une profession tout à fait en rapport avec ses goûts et pour cela il choisit la pharmacie; le 17 avril 1816, il quitta, non sans regret, le laboratoire de Vauquelin pour entrer comme élève dans la pharmacie de la veuve de Pelletier.

Les tableaux chimiques du règne animal de *John* jouissaient alors, en Allemagne, d'une certaine réputation, M. Robinet, à son début dans la pharmacie, en publia la traduction avec de nombreuses additions.

En 1819, notre collègue fut reçu bachelier ès lettres, et dans le même moment l'École de pharmacie lui décernait un prix de chimie et un prix de pharmacie à la suite d'un concours brillant.

Le 15 mars 1822, M. Robinet, qui s'était déjà fait remarquer par plusieurs travaux scientifiques, fut d'abord nommé membre associé libre de la Société de pharmacie, parce qu'il n'était pas encore reçu pharmacien, mais quelques mois après (3 septembre) il recevait son diplôme, et alors il échangeait son titre d'associé contre celui de membre titulaire. Enfin c'est dans le cours de cette même année qu'il s'établit et se maria.

A partir de ce moment commence pour M. Robinet une nouvelle existence, celle des publications scientifiques.

De 1821 à 1824 il fit paraître, avec son ami Petroz, plusieurs mémoires sur la composition de l'écorce du carapa, de la cannelle blanche et des fruits du lilas. Ces premiers travaux eurent pour effets de faire admettre, en 1824, Petroz à l'Académie de médecine et, l'année suivante, M. Robinet.

Nommé en 1831 chevalier de la Légion d'honneur, M. Robinet, reçut en 1861, pendant sa présidence à l'Académie de médecine, les insignes d'officier de cet ordre.

En 1832, la Société de pharmacie élut M. Robinet pour son président, honneur qu'elle lui décerna pour la deuxième fois en 1862.

C'était, on le voit, préluder heureusement dans la vie, mais bientôt les peines viennent s'abattre sur cette existence si bien faite pour le bonheur et la réussite.

En 1832, M. Robinet a le profond chagrin de perdre sa compagne. Oh! alors, comme s'il ne voulait plus voir tout ce qui peut lui rappeler un bonheur perdu, il cède son officine et il reste pendant de longues années sans s'occuper de recherches chimiques ou pharmaceutiques, mais il ne cesse pas pour cela d'assister aux séances de la Société de pharmacie.

Ce n'est pas qu'il a soif d'oisiveté, au contraire, mais il lui semble qu'en changeant la nature de ses travaux, il trouvera momentanément l'oubli dont il a tant besoin : tout l'hiver de 1848 à 1849, il le passe à visiter l'Égypte, et il s'adonne d'une manière spéciale à l'étude des vers à soie.

Mais M. Robinet ne pouvait manquer de revenir un jour à la science de ses jeunes années.

En 1855, il publia une première note sur la préparation de l'alcool de figues, et, quelques années après, une circonstance, on peut dire heureuse, le ramena pour toujours à la chimie.

En 1861, une commission avait été nommée par M. le préfet de la Seine, à l'effet de donner un avis motivé sur le projet de dérivation des sources de la Dhuis pour l'alimentation de la ville de Paris. M. Robinet fait partie de cette commission, et, d'une voix unanime, il en est nommé le rapporteur.

Voilà le point de départ des nombreux et intéressants travaux que M. Robinet a publiés, depuis bientôt dix ans, sur les eaux potables, et qu'il poursuivait encore quelques jours avant sa mort.

Mais la solution du problème posé par M. le préfet de la Seine ne pouvait satisfaire l'esprit éminemment pratique de M. Robinet : notre collègue s'occupa alors de réunir tous les matériaux nécessaires pour la publication d'un *Dictionnaire hydrographique de la France*, qu'il n'eut malheureusement pas le temps d'achever. Plus de deux mille analyses hydrotimétriques d'eaux douces de toute nature sont déjà consignées dans le manuscrit de cet important ouvrage, et tout le monde doit désirer que cette œuvre véritablement gigantesque ne soit pas perdue.

Ai-je besoin maintenant de rappeler toute la série des mémoires que M. Robinet a publiés dans le cours de ces dernières années, et dont il entretenait fréquemment la Société de pharmacie? Vos souvenirs sont trop récents pour cela.

Voilà la vie scientifique du travailleur infatigable que nous pleurons aujourd'hui.

Mais M. Robinet ne se préoccupait pas seulement des progrès de la pharmacie au point de vue de la science, les intérêts de la pharmacie professionnelle étaient encore l'objet de toute sa sollicitude, depuis surtout l'institution des congrès des Sociétés de pharmacie, tant françaises qu'étrangères.

Peu de temps avant l'Exposition universelle de 1867, M. Robinet proposa à la Société de pharmacie de Paris la création de deux congrès, l'un national, l'autre international, et son projet fut aussitôt mis à exécution. Notre collègue, tout le monde le sait, apporta dans l'accomplissement de la tâche qui lui avait été dévolue, comme secrétaire général de ces assises, un zèle et un dévouement au-dessus de tout éloge, et afin de lui en témoigner leurs remercîments, les délégués de toutes les Sociétés de pharmacie françaises et étrangères lui remirent une médaille d'or frappée à son intention.

Aux congrès de Rennes, de Brunswick et de Marseille, où la Société de pharmacie de Paris avait tenu à cœur de se faire représenter, M. Robinet y fut toujours le délégué, et partout notre collègue a été appelé à l'honneur de présider ces réunions.

Cette année, il fut aussi désigné, avec M. Mialhe, pour représenter la Société de pharmacie au congrès pharmaceutique de Vienne (Autriche). Quoique un peu souffrant au moment du départ, il tenait à remplir son mandat, et le 2 septembre il quittait Paris à cette intention. Là encore les honneurs de la vice-présidence lui furent unanimement décernés; mais bientôt, sous l'influence de causes diverses, la maladie dont il était atteint ne fit qu'empirer, et de retour à Paris, dans les premiers jours du mois d'octobre, ses amis et sa famille commencèrent à avoir des inquiétudes sérieuses sur l'état de sa santé. Pendant un moment, le repos et les soins dont il était entouré laissèrent un peu d'espoir, mais ce n'était qu'un éclair d'un jour plus sombre encore, et le 2 décembre, à dix heures du soir, M. Robinet s'éteignait dans les bras d'une sœur et d'un fils bien-aimés.

La place qu'occupait M. Robinet à la Société de pharmacie demeurera longtemps vide ; c'est qu'il laissait rarement passer une discussion un peu importante sans y prendre part. Travailleur infatigable, il était heureux de se retrouver tous les mois avec ses collégues, et on le voyait toujours s'arracher avec peine de nos séances pour se rendre à la Société d'agriculture, qui réclamait sa présence le même jour et preque à la même heure.

Tous les collègues de M. Robinet ont eu le temps d'apprécier les grandes et nobles qualités de son cœur : d'une loyauté à toute épreuve, énergique dans ses résolutions, mais seulement lorsqu'il les croyait justes, sa bonté ainsi que sa bienveillance et son aimable esprit ne lui avaient fait trouver partout que des amis.

Au nom de la Société de pharmacie de Paris, et je peux aussi ajouter au nom de toutes les sociétés de pharmacie françaises et étrangères qui avaient tant à honneur de vous posséder en qualité de membre correspondant, je vous adresse, cher confrère et excellent ami, un suprême adieu.

81. — Paris. — Imprimerie de Gusset et Cᵉ, rue Racine, 26.